Nouvel

alphabet

Des animaux

1863

NOUVEL ALPHABET

DES ANIMAUX

POISSY. — TYPOGRAPHIE DE AUG. BOURET

NOUVEL ALPHABET

DES

ANIMAUX

ORNÉ

D'UN GRAND NOMBRE DE GRAVURES

PARIS

BERNARDIN-BECHET, LIBRAIRE-ÉDITEUR

31, QUAI DES AUGUSTINS, 31

1863

A B C

D E F

G H I J

K L M

N O P

Q R S

T U V

X Y Z

MAJUSCULES

A B C D

E F G H

I J K L

M N O P

Q R S T

U V W X

Y Z Æ Œ

Ç É É È Ê

MINUSCULES

a b c d e

f g h i j

k l m n o

p q r s t

u v w x y

z æ œ ç

é è ê

MAJUSCULES

A B C D E

F G H I J

K L M N O

P Q R S T

U V W X Y

Z Æ Œ Ç

É È Ê

MINUSCULES

a b c d e f

g h i j k l

m n o p q r

s t u v w x

y z æ œ ç

é è ê

MAJUSCULES

A B C D E F G
H I J K L M N
O P Q R S T
U V W X Y Z

MINUSCULES

a b c d e f g h i
j k l m n o p q
r s t u v w x y z

MAJUSCULES ORNÉES

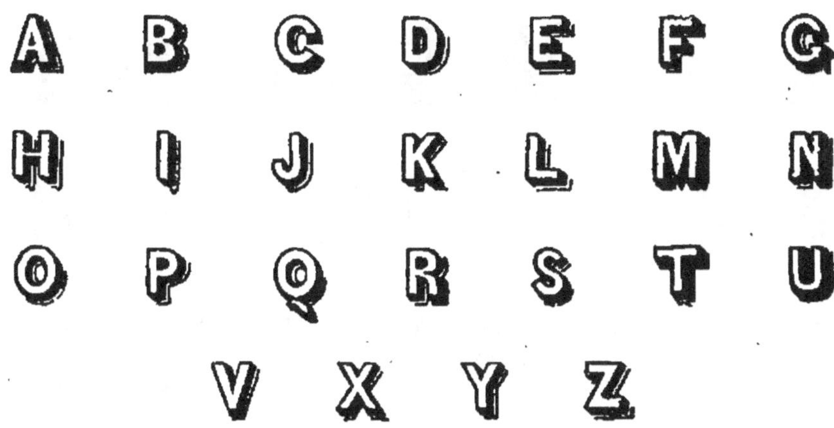

MAJUSCULES ALLONGEES

A B C D E F G H I J K L M N O
P Q R S T U V X Y Z

MAJUSCULES ÉGYPTIENNES

A B C D E F G H I J
K L M N O P Q R S T
U V X Y Z

MAJUSCULES ANTIQUES

A B C D E F G H I
J K L M N O P Q
R S T U V X Y Z

MINUSCULES RONDES

a b c d e f g h i j
k l m n o p q r s t
u v w x y z

VOYELLES MAJUSCULES

A E I O U Y

VOYELLES MINUSCULES

a e i o u y

CONSONNES

b c d f g h j k l m
n p q r s t v x z

LETTRES ACCENTUÉES

à â é è ê î ô ù û

CHIFFRES

Un Deux Trois Quatre Cinq Six Sept Huit Neuf. Zéro.

1 2 3 4 5 6 7 8 9 0

SYLLABES

ba   be   bi   bo   bu

ca   ce   ci   co   cu

da   de   di   do   du

fa   fe   fi   fo   fu

pha   phe   phi   pho   phu

ga   ge   gi   go   gu

ha   he   hi   ho   hu

ja   je   ji   jo   ju

ka   ke   ki   ko   ku

la	le	li	lo	lu
ma	me	mi	mo	mu
na	ne	ni	no	nu
pa	pe	pi	po	pu
qua	que	qui	quo	quu
ra	re	ri	ro	ru
sa	se	si	so	su
ta	te	ti	to	tu
va	ve	vi	vo	vu
xa	xe	xi	xo	xu
za	ze	zi	zo	zu

MOTS D'UNE SYLLABE

Air, Deux, Oui, Et, De, Huit, Si, Dont, Ni, Le, Bon, Bien, Pas, Par, Sans, Dieu, Don, Doux, Sur, Ton, Pont, Banc, Bols, Buis, Main, Loi, Jeu, Un, Or, Est, Long, Vous, Pluie, Mois, Fort.

MOTS DE DEUX SYLLABES

Pa-pa, Ma-man, Bi-jou, En-fant, Cou-sin, Bon-ne, Tam-bour, Bal-le, Bou-le, Gâ-teau, Da-da, Chai-se, Sol-dat, Na-nan, Oi-seau, Ca-non, Tau-reau, Mou-le, Che-val, Cor-beau, Cou-leur.

MOTS DE TROIS SYLLABES

É-toi-le, Ré-ser-voir, Ta-bli-er, Son-net-te, Pa-ra-dis, É-gli-se, Fa-mil-le, O-rai-son, Doc-tri-ne, En-trail-les, Ins-tru-ment, Heu-reu-se, Sen-ten-ce, Qua-li-té, Cra-va-che, Dé-mo-lir, Hor-lo-ger.

MOTS DE QUATRE SYLLABES

Pé-ni-ten-ce, Pro-me-na-de, Ba-lan-çoi-re, Gour-man-di-se, Con-ve-na-ble, Do-mes-ti-que, Fa-ci-le-ment, Mar-chan-di-se, Ca-ra-bi-ne.

SIGNES DE PONCTUATION.

Virgule (,)
Point et Virgule (;)
Point (.)
Deux Points (:)
Apostrophe (') l'orage,
Point d'interrogation (?)
Point d'exclamation (!)
Trait-d'union (-)
Parenthèsse ( )
Guillemet (»)

MEMBRES DE PHRASES

Mon pè-re par-le à ma mè-re. Ce prin-ce ne veut pas man-ger. De-main je chan-te-rai un can-ti-que. Il faut pré-fé-rer l'hon-neur à la for-tu-ne. Cet-te da-me dit a-voir mal à la tê-te. On lui por-te-ra du pain et du vin. L'hiver se-ra très ri-gou-reux. Le froid ne te fe-ra pas mou-rir.

É-cou-tons tou-jours les bons con-seils. Pa-ris est u-ne des plus gran-des vil-les du mon-de. On doit ai-mer et dé-si-rer la sa-ges-se et la ver-tu. Dieu a fait le ciel et la ter-re.

PHRASES

Dieu veut que les pe-
tits en - fants ai - ment
bien leur père, leur mè-
re, leurs frè-res et leurs
sœurs, puis qu'ils ap-
pren-nent aus-si à bien
li-re, à é-cri-re, à par-
ler et à chan-ter.

La Fran-ce est ar-ro-
sée par qua-tre fleu-

ves, qui sont : la Sei-ne, la Loi-re, le Rhô-ne et la Ga-ron-ne.

La Sei-ne, la Loi-re et la Ga-ron-ne coul-ent du le-vant au cou-chant, et se ver-sent dans l'O-cé-an At-lan-ti-que ; le Rhô-ne cou-le du nord au mi-di et se ver-se dans la mer

Mé-di-ter-ra-née, pas bien loin de Mar-seil-le.

Voi-là en-vi-ron six mil-le ans que le mon-de ex-is-te : Dieu le fit en six jours, et par la puis-san-ce de sa parole.

CRIS DES ANIMAUX.

Le chien aboie.

Le chat miaule.

Le cochon grogne.

L'ours gronde.

Le loup hurle.

Le lion rugit.

Le renard glapit.

Le corbeau coasse.

La grenouille croasse.

Le serpent siffle.

Le cheval hennit.

La taureau mugit.

Le bœuf beugle.

L'âne brait.

Le mouton bêle.

Le perroquet parle.

Le rossignol chante.

DIVISION DU TEMPS.

Cent ans font un siècle.

Il y a douze mois dans un an.

Il y a trente jours dans un mois.

Trois cent soixante-cinq jours font un an.

On divise le mois en quatre semaines; chaque semaine est composée de sept jours que l'on nomme :

Lundi, Mardi, Mercredi, Jeudi, Vendredi, Samedi, Dimanche.

Les mois de l'année sont : Janvier, Février, Mars, Avril, Mai, Juin, Juillet, Août, Septembre, Octobre, Novembre, Décembre.

SAISONS.

Il y a quatre saisons dans l'année : le Printemps, l'Été, l'Automne et l'Hiver.

A ANE a

L'âne est l'animal domestique le plus utile et le meilleur serviteur de l'habitant des campagnes, n'exigeant pour ainsi dire aucun soin. Il coûte très-peu par lui-même et est très-facile à nourrir. Il peut aussi servir de monture, toutes ses allures sont douces et il bronche moins que le cheval.

B   BŒUF   b

Le bœuf rend à l'homme des services si grands et si précieux, que, s'il n'est pas sa plus belle conquête, il en est au moins la plus riche. Après avoir été employé aux rudes travaux de l'agriculture, on l'engraisse pour le livrer au boucher et sa chair est encore notre meilleure nourriture.

C   CHEVAL   c

La plus belle conquête de l'homme est celle de ce fier et fougueux animal qui partage avec lui les fatigues de la guerre.

Outre ses travaux ordinaires qui sont le trait et la course, on le voit dans les cirques, faire des exercices qui donnent une haute idée de son intelligence.

D DAIM d

Plus petit que le cerf, le daim
tient de la chèvre, dont il a les
pieds fourchus, et il se plaît beaucoup plus sur les monts et les ro-
chers escarpés que dans les plai-
nes. Sa peau sert à fabriquer les
culottes et les gants en peau de
daim que portent une grande
partie de nos troupes.

É   ÉLÉPHANT   é

L'Éléphant est le plus grand des quadrupèdes connus. Sa peau rugueuse est d'une couleur cendrée, sa tête énorme, ses oreilles longues et pendantes ; ses yeux petits, mais vifs et spiri- tuels ; son nez ou trompe lui sert pour porter sa nourriture à sa bouche.

F FOUINE f

La fouine est un animal carnassier de la grosseur d'un chat. Elle est la terreur des colombiers et des poulaillers. Son pelage est brun marron ; la gorge et le ventre sont blancs. La fouine rend cependant quelques services : elle détruit les mulots, les taupes et autres petits animaux dévastateurs des jardins.

G

GIRAFE

g

La girafe vit en Égypte. On dit que sa marche est plus rapide que celle du chameau et que, attaquée dans les bois par un lion, elle se défend et tue son adversaire.

Le Pacha d'Égypte envoya au roi Charles X la première girafe que nous ayons vue en France.

H HIPPOPOTAME h

Cet animal monstrueux par sa taille et sa forme vit de préférence dans les rivières. Il court dans l'eau avec la rapidité du cheval en plein champ. Sa peau est tellement dure qu'une balle ne pourrait la perforer. L'hippopotame est originaire d'Afrique.

ISATIS

L'isatis appartient à cette espèce d'animaux carnassiers qui font la chasse aux oiseaux, aux poules et aux poulets. Sa fourrure est recherchée presqu'autant que celle de la zibeline et de la marte. Les Russes en font un commerce considérable.

J JAGUAR j

Le jaguar est originaire de l'Amérique méridionale. Il a tous les instincts féroces du lion et du tigre. Agile comme le chat, à la famille duquel il appartient, il grimpe sur les arbres afin de mieux guetter sa proie et s'élance sur elle lorsqu'elle vient à passer.

K

KANGUROO

k

Le kanguroo attire l'attention par la singularité de sa forme. Ses jambes de devant sont courtes et celles de derrière très-longues. Sa queue longue et touffue lui sert de point d'appui. Sa marche n'a lieu que par bonds et par sauts. Il s'apprivoise facilement et se nourrit de fruits, de racines et de graines.

L LION l

Le lion est beau, fier, impo-
sant; sa démarche est noble, sa
voix terrible, sa force prodigieu-
se. Cet ensemble admirable lui a
valu le titre de roi des forêts. Le
rhinocéros, l'éléphant, le tigre
et l'hippopotame sont les seuls
animaux qui osent se mesurer
avec lui.

M MOUTON m

Le mouton est encore un des animaux les plus utiles à l'homme; sa chair fournit une nourriture succulente; sa laine sert à la fabrication des étoffes chaudes et luxueuses dont nos vêtements sont confectionnés. Le mouton est l'animal le plus inoffensif qui existe.

N   NIL-GHAULT   n

Le nil-ghault peut être classé dans la famille des cerfs. Il vit dans l'Inde non loin de Cachemire, d'où viennent ces beaux châles recherchés à si juste titre. Sa chair est très-estimée par les Indiens. Ces quadrupèdes, d'une grande douceur, s'apprivoisent facilement.

OURS

L'ours est habitant des montagnes des Alpes, des Pyrénées et des glaces de la mer du Nord. Sauvage par sa nature, il fuit toute société, même celle de ses pareils. L'ours blanc, qui vit dans les glaces du Spitzberg et du Groenland, est le plus grand et le plus féroce de sa race.

P

PORC-ÉPIC

p

Le porc-épic a le corps entièrement couvert d'aiguillons qu'il
hérisse en contractant la peau.

Il se trouve dans toutes les par-
ties du monde, mais surtout en
Afrique dont il est originaire. Le
porc-épic se nourrit de pain, de
légumes et d'herbes potagères.

Q QUACHI **q**

Cet animal, comme le renard,
égorge les volailles et mange les
œufs. Il est de petite taille, a le
corps et le cou allongés. Le qua-
chi a, comme l'ours, une grande
facilité à se tenir debout sur les
pieds de derrière, qui portent
en grande partie sur les talons.
Son poil est roux ou brun.

R RHINOCÉROS r

Le rhinocéros se trouve en Afrique, dans l'Abyssinie, dans le Bengale et en Asie. Il se nourrit de fruits, de racines et de jeunes rejetons. Bien que d'un naturel très-doux, on n'a jamais pu l'utiliser. Il a sur le nez une corne longue et dure qui lui sert de défense, et sa peau est par son épaisseur à l'épreuve de la balle.

S SINGE S

La famille des singes est très-nombreuse. L'une des plus remarquables est celle de l'orang-outang, le plus fort par la taille et le plus intelligent.

On voit au Jardin des Plantes une grande variété de singes qui attirent journellement les visiteurs autour de la rotonde dans laquelle ils sont renfermés.

T   TRUIE   t

De tous les quadrupèdes, le cochon paraît être le plus brute; toutes ses habitudes sont grossières, tous ses goûts sont immondes. On nomme truie la femelle du cochon. La chair du cochon est excellente; son poil sert à faire des pinceaux et des brosses.

U   UNAU   u

L'unau est plus communément connu sous le nom de PARESSEUX. Vivant de feuilles sauvages, il s'installe sur un arbre et ne le quitte que lorsqu'il les a toutes dévorées. Lorsque la faim le talonne, il se laisse tomber du haut de l'arbre pour se mettre à la recherche d'un nouveau gîte.

V VACHE V

La vache nous donne le lait avec lequel on fait le beurre, les fromages et la crème. Elle est encore très-utile au laboureur pour les travaux de la terre. La vaccine, maladie particulière aux vaches, sert aux médecins à nous préserver des ravages de la petite vérole.

X XANDARUS X

Le xandarus, improprement appelé vache de Barbarie, est assez commun dans la partie septentrionale de l'Afrique. Sa couleur est roux foncé, sa chair bonne à manger.

On apprivoise facilement ce quadrupède, en le mêlant avec les bœufs dont il a les mœurs et ressemblance de conformation.

Y YACK y

Les Mongols ont fait du yack un animal domestique très-utile. Comme le bœuf, il est armé de cornes, ses jambes courtes sont couvertes d'un poil très-long et très-fin, sa queue ressemble à la queue d'un cheval, et sur le cou il porte une espèce de crinière. Son pelage est noir et assez lisse.

Z   ZÈBRE   Z

Le zèbre habite le cap de Bonne-Espérance. Il a la figure et les grâces du cheval et la légèreté du cerf; sa robe est rayée de rubans noirs et blancs, posés avec la plus grande symétrie. On n'a jamais pu le rendre domestique, quoique très-susceptible d'être apprivoisé.

PRIÈRES

ORAISON DOMINICALE

Notre Père qui êtes aux cieux, que votre nom soit sanctifié ; que votre règne arrive ; que votre volonté soit faite en la terre comme au ciel : donnez-nous aujourd'hui notre pain quotidien ; pardonnez-nous nos offenses comme nous les pardonnons à ceux qui nous ont offensés, et ne nous laissez pas succomber à la tentation, mais délivrez-nous du mal. Ainsi soit-il.

SALUTATION ANGÉLIQUE

Je vous salue, Marie pleine de grâce; le Seigneur est avec vous; vous êtes bénie entre toutes les femmes, et Jésus, le fruit de vos entrailles, est béni. Sainte Marie, mère de Dieu, priez pour nous, pauvres pécheurs, maintenant et à l'heure de notre mort. Ainsi soit-il.

SYMBOLE DES APOTRES

Je crois en Dieu le Père tout-puissant, créateur du ciel et de la terre, et en Jésus-Christ son fils unique, notre Seigneur; qui a été conçu du Saint-Esprit, est né de la Vierge Marie : a souffert sous Ponce-Pilate; a été crucifié, est mort, et a été enseveli; est descendu aux enfers, et le troisième jour est ressuscité des morts; est monté aux cieux, est assis à la droite de Dieu le Père tout-puissant; d'où il viendra juger les vivants et les morts. Je crois au Saint-Esprit; la sainte Église catholique; la communion des Saints; la rémission des pé-

chés ; la résurrection de la chair ;
la vie éternelle.

Ainsi soit-il.

CONFESSION DES PÉCHÉS

Je confesse à Dieu tout-puissant, à la bienheureuse Marie toujours Vierge, à saint Michel Archange, à saint Jean-Baptiste, aux apôtres saint Pierre et saint Paul, à tous les saints, et à vous, mon Père, que j'ai beaucoup péché, par pensées, par paroles, par actions et par omissions ; c'est ma faute, c'est ma faute, c'est ma très-grande faute : C'est pourquoi je supplie la bienheureuse Marie toujours Vierge, saint Michel Archange, saint Jean-Baptiste, les apôtres saint Pierre et saint Paul, tous les Saints et vous, mon Père, de prier pour moi le Seigneur notre Dieu.

Que le Dieu tout-puissant nous fasse miséricorde, qu'il nous pardonne nos péchés et nous conduise à la vie éternelle.

Ainsi soit-il.

Que le Seigneur tout-puissant et miséricordieux nous accorde l'indulgence, l'absolution et la rémission de nos péchés.

Ainsi soit-il.

COMMANDEMENTS DE DIEU

Un seul Dieu tu adoreras
Et aimeras parfaitement.
Dieu en vain tu ne jureras,
Ni autre chose pareillement.
Les Dimanches tu garderas,
En servant Dieu dévotement.
Tes père et mère honoreras,
Afin de vivre longuement.
Homicide point ne seras,
De fait ni de consentement.

Luxurieux point ne seras,
De corps ni de consentement.
Le bien d'autrui tu ne prendras,
Ni retiendras à ton escient.
Faux témoignage ne diras,
Ni mentiras aucunement.
L'œuvre de chair ne désireras,
Qu'en mariage seulement.
Biens d'autrui ne convoiteras,
Pour les avoir injustement.

COMMANDEMENTS DE L'ÉGLISE

Les fêtes tu sanctifieras,
Qui te sont de commandement.
Les dimanches la Messe ouïras,
Et les fêtes pareillement.

Tous tes péchés confesseras,
A tout le moins une fois l'an.
Ton Créateur tu recevras,
Au moins à Pâques humblement.
Quatre-Temps, Vigiles jeûneras,
Et le Carême entièrement.
Vendredi chair ne mangeras,
Ni le samedi mêmement.

ACTE DE FOI

Mon Dieu, je crois fermement tout ce que la sainte Église catholique, apostolique et romaine m'ordonne de croire, parce que c'est vous, ô Vérité infaillible! qui le lui avez révélé.

ACTE D'ESPÉRANCE

Mon Dieu, j'espère avec une ferme confiance, que vous me donnerez, par les mérites de Jésus-Christ, votre grâce en ce monde; et si j'observe vos commandements, votre gloire en l'autre, parce que vous me l'avez promis, et que vous êtes fidèle dans vos promesses.

ACTE DE CHARITÉ

Mon Dieu, je vous aime de tout mon cœur et de tout mon

esprit, de toute mon âme, de toutes mes forces, et par dessus toutes choses, parce que vous êtes infiniment bon, infiniment aimable ; et j'aime mon prochain comme moi-même pour l'amour de vous.

ACTE DE CONTRITION

Mon Dieu, j'ai un extrême regret de vous avoir offensé parce que vous êtes infiniment bon, infiniment aimable, et que le péché vous déplaît ; pardonnez-moi par les mérites de Jésus-Christ ;

je me propose, moyennant votre sainte grâce, de ne plus vous offenser, et de faire pénitence.

HISTORIETTES

LE PETIT MÉCHANT

C'était par une rude journée d'hiver; il faisait très-froid. Un méchant petit garçon regardait, à travers les carreaux d'une croi-sée, tomber la neige qui déjà couvrait la terre et le toit des maisons. Un pierrot vint se poser sur l'appui de la fenêtre. Le pauvre oiseau était transi, son petit cœur était presque glacé, il tremblait à faire pitié, il se mourait. Le méchant enfant ouvrit la fenêtre, prit le pauvre oiseau et au lieu de le réchauffer et de lui donner à manger quelques miettes de pain, il se mit à le tourmenter, le tirer par la queue, et il lui fit tant de mal, que le pauvre pierrot mourut.

La cruauté envers les animaux, même les plus petits, indique un mauvais cœur, et le mal qu'on fait à ces pauvres créatures du bon Dieu est puni tôt ou tard.

LA CHARITÉ

Plusieurs jeunes enfants étaient réunis dans un jardin devant un superbe gâteau qui leur avait été préparé par la maman de l'un d'eux. Celui qui faisait le partage compta ses camarades et divisa le gâteau de façon à ce que chacun en eût une part et qu'il lui en restât deux pour lui. Il en cacha une et revint trouver ses camarades. Mais bientôt un vieillard aveugle et conduit par un petit chien se présente à la grille du jardin. Il

est faible et tremblant; des lar-
mes tombent de ses yeux fermés
à la lumière du jour.

— Pourquoi pleurez-vous,
brave homme? lui dit un des enfants. — Parce que j'ai bien faim,
dit l'aveugle, et que je ne puis
travailler pour avoir du pain !

Le bon petit garçon, sans rien
dire, alla chercher la part du gâ-
teau qu'il réservait à son déjeuner
du lendemain, la donna à l'aveugle, et fut plus content que s'il
avait mangé dix gâteaux entiers.

FABLE

LE LOUP ET L'AGNEAU

La raison du plus fort est toujours la meilleure :
Nous l'allons montrer tout à l'heure.
Un agneau se désaltérait
Dans le courant d'une onde pure.
Un loup survient à jeun, qui cherchait aventure,
Et que la faim en ces lieux attirait.
Qui te rend si hardi de troubler mon breuvage ?
Dit cet animal plein de rage :
Tu seras châtié de ta témérité.
— Sire, répond l'agneau, que votre majesté
Ne se mette pas en colère ;
Mais plutôt qu'elle considère
Que je me vas désaltérant
Dans le courant,

Plus de vingt pas au-dessous d'elle :
Et que par conséquent en aucune façon,
Je ne puis troubler sa boisson.
— Tu la troubles ! reprit cette bête cruelle ;
Et je sais que de moi tu médis l'an passé.
— Comment l'aurais-je fait si je n'étais pas né?
Reprit l'agneau ; je tette encor ma mère.
Si ce n'est toi c'est donc ton frère.
— Je n'en ai point. — C'est donc quelqu'un des
Car vous ne m'épargnez guère,   [tiens ;
Vous, vos bergers et vos chiens,
On me l'a dit : il faut que je me venge.
Là-dessus, au fond des forêts,
Le loup l'emporte, et puis le mange,
Sans autre forme de procès.

POISSY. — TYPOGRAPHIE DE AUG. BOURET